PANÉGYRIQUE

DU BIENHEUREUX

LOUIS-MARIE GRIGNON DE MONTFORT

PRONONCÉ

PAR M. L'ABBÉ C. SIMON

Vicaire général de Luçon

LE MARDI 3 JUIN 1888

DANS L'ÉGLISE DE

LA MAISON-MÈRE DES FRÈRES DE SAINT-GABRIEL

à Saint-Laurent-sur-Sèvre (Vendée)

LUÇON

VEUVE BIDEAUX ET FILS, IMPRIMEURS DE L'ÉVÊCHÉ

—

1888

PANÉGYRIQUE

DU BIENHEUREUX

LOUIS-MARIE GRIGNON DE MONTFORT

PRONONCÉ

PAR M. L'ABBÉ G. SIMON

Vicaire général de Luçon

LE MARDI 5 JUIN 1888

DANS L'ÉGLISE DE

LA MAISON-MÈRE DES FRÈRES DE SAINT-GABRIEL

à Saint-Laurent-sur-Sèvre (Vendée)

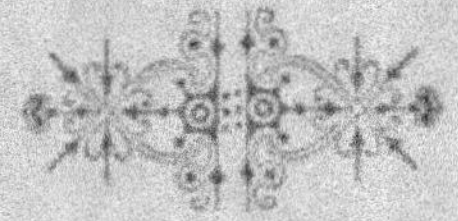

LUÇON

VEUVE BIDEAUX ET FILS, IMPRIMEURS DE L'ÉVÊCHÉ

—

1888

PANÉGYRIQUE

DU BIENHEUREUX

LOUIS-MARIE GRIGNON DE MONTFORT

PRONONCÉ

PAR M. L'ABBÉ G. SIMON

Vicaire général de Luçon

LE MARDI 5 JUIN 1888

DANS L'ÉGLISE DE

LA MAISON-MÈRE DES FRÈRES DE SAINT-GABRIEL

à Saint-Laurent-sur-Sèvre (Vendée)

> *Ascendit super omnes cœlos ut impleret
> omnia ; et ipse dedit quosdam quidem
> Apostolos ...*
>
> Jésus-Christ est monté au-dessus de
> tous les cieux, pour remplir toutes
> choses, et c'est lui-même qui a donné des
> Apôtres à son Église... (Ephes. IV. 10, 11.)

Monseigneur (1), mes chers Frères,

Pourquoi ces chants d'allégresse, ces foules enthousiastes, ces décorations si grandioses et de si bon goût, pourquoi tout cet appareil plus que royal, ce tressaillement qui fait battre tant de cœurs à l'unisson ?

Ah ! c'est que la Vendée, l'Anjou, la Bretagne, c'est que tout l'Ouest salue aujourd'hui le triomphe du Bienheureux Louis-Marie Grignon de Montfort.

Dans ce *Triduum* solennel où des princes de l'Église font entendre leur parole si autorisée (2), le silence aurait à tous

---

(1) Mgr Trégaro, évêque de Séez, présidait la cérémonie.
(2) Mgr Richard, archevêque de Paris, et Mgr Ardin, évêque de la Rochelle.

égards mieux convenu à ma faiblesse. Mais on a fait appel à l'ancien élève de Saint-Gabriel, au prêtre de Saint-Laurent, à l'enfant de Montfort ; je n'ai pu décliner un honneur dont je sens à la fois le péril et le prix. Ah ! s'il ne fallait qu'aimer et admirer Montfort et ses œuvres !... du moins vos cœurs iront plus loin que ma parole et sauront y suppléer et la compléter.

O Vicaire de Jésus-Christ, pontife si grand et si admiré ! à Vous la reconnaissance de la Vendée ! à Vous son Rosaire d'or, hommage filial à Léon XIII, le pape du Rosaire, qui a glorifié Montfort, l'Apôtre du Rosaire ! Puisse le Bienheureux vous obtenir tous les bonheurs et toutes les gloires !

S'il est vrai de dire que Dieu remplit l'enfer de sa justice et le ciel de ses magnificences, il est surtout consolant d'ajouter que la terre est pleine de sa miséricorde. Sa parole, sa doctrine, sa grâce, l'Homme-Dieu, les a distribuées lui-même pendant sa vie mortelle ; depuis sa glorieuse Ascension, il atteint visiblement tous les lieux, tous les âges, toute l'humanité par le ministère de Pierre, toujours vivant dans les pontifes romains ; par les Apôtres et les évêques, leurs successeurs, par l'épiscopat catholique si noblement représenté à ces fêtes et dans cette enceinte ; par les phalanges innombrables de ses prêtres et de ses religieux ; parfois aussi il a voulu échelonner, sur le parcours de son Eglise à travers les siècles, des hommes extraordinaires, des hommes apostoliques (*quosdam dedit Apostolos*), dont les peuples reconnaissants gardent fidèlement la mémoire. C'est, au xve siècle, Vincent Ferrier ; au xviie, Vincent de Paul ; au xixe siècle don Bosco, avec ses œuvres salésiennes ; c'est, à l'aurore du xviiie siècle, le Bienheureux Grignon de Montfort.

Il s'est élevé comme un autre Elie à la parole de feu (1) ; il a rempli héroïquement sa mission et les desseins d'en haut, et aujourd'hui Dieu remplit tout de la gloire du Bienheureux (2).

Il a partagé les labeurs et les mérites des apôtres : il partage leur triomphe.

Et de même que le pape qui couronna saint Thomas d'Aquin et sa doctrine, fut aussi le créateur de l'évêché de Luçon (3), il était

---

(1) *Et surrexit Elias propheta quasi ignis et verbum ipsius quasi facula ardebat.* (Eccli. xlviii. 1.)

(2) *Ut impleret omnia.* (Ephes.)

(3) Jean XXII, en 1317. On connaît son mot sur saint Thomas : *Quot articulos scripsit, tot miracula fecit* : Autant d'articles, autant de miracles !

réservé à notre époque d'entendre Léon XIII, l'admirateur de saint Thomas, le propagateur insigne de sa doctrine, de l'entendre glorifier aujourd'hui notre apôtre, l'honneur de l'Eglise de Luçon.

Oui, pendant toute sa vie, Montfort s'est montré constamment un apôtre ; et son apostolat, il le perpétue par ses œuvres. Vivant, il a fait des prodiges ; mort, il opère des merveilles (1). Ce sera tout le sujet de ce discours.

O Marie, vous qu'il a tant aimée et servie, tant célébrée et chantée ; vous dont il a plus que personne exalté le culte, l'*Ave Maria*, mettez dans nos cœurs, mettez sur mes lèvres quelque chose de son amour, de ses accents embrasés : *Ave Maria*.

I

La sainteté, comme le génie, a souvent je ne sais quoi d'extraordinaire, d'original, de tranché, qui, au premier abord, étonne et déconcerte les regards, puis finit par subjuguer et tenir sous le le charme. Dans la galerie des saints où chacun a son caractère distinctif (2), comme chaque étoile brille au firmament d'une clarté qui la distingue des autres étoiles (3), Montfort est une figure à part. Il semble égaler en chaque vertu les saints qui y ont davantage excellé. Réunissez par la pensée l'entrain de son ardente nature, son élan chevaleresque qui ne connaît pas d'obstacles, sa robuste santé, sa riche intelligence, sa brillante imagination, faculté créatrice qui sait tout animer, tout colorer ; ses rares aptitudes d'artiste et de poëte ; sa soif incessante de souffrances, d'austérités, de mépris ; son dédain des mesquines exigences du monde, son peu de souci des compromis, du convenu, de tout ce qui est vulgaire et terrestre ; les allures les plus humbles avec l'indépendance et les saintes audaces des prophètes ; son accent tantôt familier, tantôt sublime, toujours pénétrant, toujours saisissant ; tout cela ne compose-t-il pas un ensemble à part, une physionomie originale et frappante, d'une incontestable grandeur, d'un incomparable prestige ? Il ne ressemble à nul autre (4) : c'est une puissante person-

(1) *In vita sua fecit monstra, et in morte mirabilia operatus est.* (Eccli. XLVIII, 15).

(2)-(4) *Non est inventus similis illi.* (Brev. Rom.)

(3) *Stella enim a stella differt in claritate.* 1 Cor. XV, 51.

nalité, c'est un caractère : une fois entrevu, il ne saurait être oublié ; il est lui même : lui agissant sous l'impulsion de l'Esprit-Saint. L'action extérieure du disciple, ce sont les apparences, c'est comme le sacrement qui cache et révèle à la fois l'action du Maître, l'action divine : l'apôtre, c'est l'ombre de la main de Dieu. Tout porte en lui, jusqu'en ses abaissements, l'empreinte de la magnanimité : tout révèle le Héraut du Christ, le *chevalier de Notre-Dame*, un géant de zèle, de doctrine et de sainteté.

Dans un si vaste sujet, il faut choisir : laissons de côté le Maître dans les voies de l'ascétisme ; l'écrivain à la prose inspirée ; l'auteur populaire de nos plus beaux cantiques ; le thaumaturge avec ses miracles ; le prophète avec ses prédictions ; l'amant passionné de la Croix ; l'Esclave de Jésus en Marie, le Docteur de Marie, *Doctor Marianus*, qui ouvre de nouveaux horizons sur la dévotion à la sainte Vierge ; voyons comment tout dans sa vie, dans sa prédication, dans ses œuvres, tout porte le cachet de l'apostolat.

Nous ne pouvons qu'effleurer dans cette rapide et incomplète esquisse : une main magistrale (1) saura vous tracer demain le tableau complet.

Louis-Marie Grignon de Montfort a eu son berceau dans la catholique Bretagne, comme il a son tombeau dans la catholique Vendée.

Il a cette enviable fortune qu'une double et heureuse influence s'exerce sur sa jeunesse ! D'abord, à Rennes, les RR. PP. Jésuites, qui entrevoient les prodiges de l'avenir, et qui resteront toujours, quoiqu'il advienne, ses amis, ses soutiens et ses consolateurs ; puis, à Paris, la docte et pieuse Société de Saint-Sulpice.

Dès lors, Dieu lui donne large part au calice des amertumes, des humiliations : toute sa vie, il sera le point de mire du mépris, des vexations et des railleries : impassible et souriant, il savoure joyeusement le fiel et le vinaigre de la passion du Sauveur. Une telle patience est la pierre de touche de la perfection (2). Agir vaillamment, dit un père de l'Eglise, fut l'apanage des anciens Romains : souffrir vaillamment et généreusement, c'est le triomphe du chrétien (3).

Le 5 juin 1700, il se prosternait sur le pavé du sanctuaire et se

---

(1) Mgr Freppel, évêque d'Angers.
(2) *Patientia opus habet perfectum.* (S. Jac., 1, 4.)
(3) *Fortia agere Romanorum est ; fortia pati, christianorum.*

relevait prêtre pour l'Eternité : aujourd'hui, à cette même date du 5 juin, nous le contemplons sur les autels, et, ce matin, il nous a été donné d'offrir en son honneur l'auguste sacrifice.

Il célébra sa première messe comme la diraient les Anges si les Anges disaient la messe ; si Dieu, dans sa miséricorde, n'avait réservé à de faibles mortels, comme nous, ce redoutable et consolant privilège.

Nantes et l'hôpital de Poitiers ont les prémices de son sacerdoce.

Toutes les grandes âmes ont eu la nostalgie de Rome, notre seconde patrie : Montfort s'y rend, mais à pied, mais en mendiant, quêtant du pain et des outrages. S'il s'arrête, c'est pour passer quinze jours en oraison à Lorette. Enfin il arrive dans la Ville Eternelle. Là, tout parle à son âme : le Christianisme triomphant qui domine et conserve les monuments en ruines du paganisme écroulé ; l'action providentielle de Dieu toujours visible dans son Eglise ; les sources limpides et intarissables de la pure doctrine ; les tombeaux des saints apôtres et surtout, dans le haut éclat de sa Majesté Souveraine, le vicaire de Jésus-Christ.

C'est de Rome *que part le rayon du gouvernement* (1) ; c'est aussi de Rome que part le rayon de l'apostolat.

Le 6 juin 1703 (demain en reviendra le solennel anniversaire, le mois de juin a une place à part dans l'histoire, de Montfort), le 6 juin, il est aux pieds de Clément XI qui assigne pour champ à son zèle la France, alors en partie désolée par le jansénisme, et qui lui confère le titre de Missionnaire Apostolique. Jamais titre fut-il mieux porté ? (2).

Comment le suivre dans ses pèlerinages, ce précurseur de nos pèlerinages vendéens ? Comment le suivre dans ses courses apostoliques à travers les diocèses de Luçon et de la Rochelle, l'Anjou, le Poitou, la Bretagne ? Armé du bâton de la Croix (3) et de la fronde mystérieuse du Rosaire (4), comme il sied à un Tertiaire de Saint Dominique, il passe, semant avec sa parole de feu les conversions et les prodiges. Partout son nom est resté comme l'idéal, la personnification de l'Apôtre : c'est une trace profonde qu'on retrouve partout, que rien ne peut effacer.

---

(1) Bossuet.
(2) *Quosdam dedit Apostolos.*
(3) *In baculo cruce.*
(4) *In virga Virgine.*

Ici on l'a vu transporter sur ses épaules et coucher dans son propre lit un pauvre atteint d'un mal incurable et repoussant ; là, il n'a pu obtenir qu'un peu de paille pour sa couche, un peu de pain noir pour sa nourriture ; en maintes rencontres, par l'astuce, le fer ou le poison, l'impiété, l'hérésie, le vice scandaleux, ont attenté à ses jours. Tantôt on l'entend lutter contre les puissances infernales ; tantôt il apparaît transfiguré, le visage rayonnant d'une miraculeuse clarté ; tour à tour, il prédit des châtiments ou des grâces, et par l'évènement,

Il est trouvé fidèle en toutes ses menaces (1),

comme en toutes ses promesses.

Son aspect est austère; sa mortification effrayante, son éloquence brûlante, irrésistible : il remue les pécheurs, il transporte les foules. « Sa parole avait la force du tonnerre parce que sa vie était « brillante et lumineuse comme l'éclair (2). »

— Ce ne sont pas des paroles, ce sont des tonnerres, dirait saint Jérôme, *non verba sed tonitrua* (3). Oui, ce sont des tonnerres qu'on croit entendre quand on écoute Montfort ou quand on relit ses cantiques, simples et parfois étranges, mais faits de verve, de théologie et de sainteté, témoin son cantique : *O l'auguste Sacrement*, où, par la précision du langage théologique, il égale la prose : *Lauda Sion ;* quand on relit sa lettre brûlante aux *Amis de la Croix*, ou son *Traité de la dévotion à la sainte Vierge*, qui ravissait le P. Faber, le premier mystique de notre siècle.

Comme couronnement des saints exercices, comme bouquet de la mission, il aime à laisser une confrérie de Pénitents ou d'Amis de la Croix, une société de vierges vivant dans le monde ; il a planté la croix dans les cœurs, il plante le calvaire sur les collines ; il recommande avec les plus vives instances l'*Ave Maria*, le *Chapelet*, le *Rosaire*, comme une armure invincible, comme une panoplie spirituelle, offrant pour les luttes de chaque jour toutes sortes d'armes offensives et défensives.

Grâce à lui et à ses Missionnaires, parmi nous plus qu'ailleurs peut-être, les croix se dressent nombreuses dans les campagnes, et la pieuse habitude de la récitation du chapelet, le soir, en fa-

---

(1) Athalie.

(2) *Tonitruum erat oratio, fulgur autem vita.* (S. Grég. Naz. Carmen cxix, Basil. M Epitaph.)

(3) *Quem quotiescumque lego, videor mihi non verba, sed audire tonitrua.* (S. Hieron. de S. Paulo.)

mille, s'est maintenue en bien des foyers chrétiens. Pourquoi ? Montfort a passé par là.

Vous n'attendez pas de moi que j'énumère ici toutes ses missions, tous les lieux témoins de ses prédications et de ses pénitences : je ne saurais du moins taire les noms célèbres de Pontchâteau et de Mervent.

Pontchâteau, où, pour ériger un calvaire aux proportions monumentales, il réunit chaque jour pendant quinze mois, sans aucune rétribution, des centaines de travailleurs volontaires, renouvelant ainsi les merveilles du moyen-âge. Au milieu de la lande déserte, s'est élevée une véritable montagne ; d'immenses fossés ont été creusés ; elle est terminée, cette entreprise, insensée, disait-on, mais en réalité sublime. Au sommet, Montfort a dressé la croix et va l'y bénir ; quand un ordre formel, inattendu, arrive comme un coup de foudre, le lui interdit : amère déception ! Humiliation profonde ! Lui, sans murmurer, entonne son cantique : *Dieu soit béni !* et goûte cette joie parfaite, du monde inconnue et révélée en un jour d'extase à frère Léon par le séraphin d'Assise (1).

Mervent ! son *ermitage* préféré, où, à l'exemple du Sauveur, *Loin du monde il se cache pour prier Dieu* (2), Mervent, dont il aime la solitude, les rochers et les grands bois. De la nature, dont il sait goûter le charme en poète et surtout en saint, sa pensée et son cœur remontent au Créateur : il aperçoit Dieu sous les voiles de la création visible, image et symbole des invisibles réalités : il étudie Dieu dans ce grand livre de la nature, à l'exemple d'un si grand nombre de saints qu'on a pu composer des chapitres et même des volumes sous ce titre : *Les saints et la nature* (3). N'est-ce pas saint Bernard qui a dit qu'on apprend moins dans les livres que dans les forêts : *Plus invenies in sylvis quam in libris* (4) ?

Mervent, site pittoresque et ravissant ! Là, Montfort a prié, chanté, médité et souffert : c'est assez pour qu'un flot non interrompu de pèlerins s'y succède jusqu'à ce jour.

Jeune encore, il est mûr pour le Ciel. C'est à Saint-Laurent-sur-Sèvre qu'il meurt en prédestiné, le 28 avril 1716, à l'âge de 44 ans.

---

(1) Voir les *Fioretti* de S. François d'Assise.
(2) Cantique sur Mervent.
(3) Voir les *Moines d'Occident*, par M. de Montalembert.
(4) Saint Bernard.

Aussitôt la voix du peuple proclame hautement la sainteté du pauvre prêtre naguère humilié, persécuté : dès le premier jour, son tombeau devient l'objet de la vénération publique.

Quoi d'étonnant ? Lorsque Marie-Madeleine eût brisé son vase d'albâtre aux pieds du Sauveur, le parfum s'en répandit et toute la maison en fut embaumée (1). Ainsi quand se brise ici-bas la vie mortelle d'un saint, il se fait une diffusion de son esprit et de ses vertus : c'est la bonne odeur de Jésus-Christ, c'est un baume céleste qui remplit l'Eglise, la maison de Dieu.

Tel fut Montfort : tels furent ses travaux. De sa *sainteté*, il nous a lui-même révélé le *secret*, qu'on ne saurait trop divulguer ni surtout trop pratiquer : *Etre l'esclave de Jésus en Marie, aller par elle à Jésus, et par Jésus à son Père*. Vous connaissez ses armes et son blason. Le *Crucifix et le Rosaire !* son cri de guerre, sa devise, son but ! *Dieu seul ! Dieu soit béni !*

Il nous servirait peu, mes Chers Frères, de célébrer Montfort, d'assiéger son tombeau, de jouir de ces belles fêtes, si nous ne l'imitions dans la mesure où Dieu nous le demande. Quand on félicitait saint Jérôme d'habiter Jérusalem, la ville sainte, « ce qui est dé-« sirable et digne d'éloges, répondait-il, ce n'est pas d'être à « Jérusalem, mais d'y vivre saintement, d'une manière digne de « Jérusalem (2). » Pour nous tous, grave enseignement ! Chacun dans notre sphère, soyons des saints, soyons des apôtres ! Qu'elle s'allume et brille de plus en plus dans nos âmes, cette flamme de l'esprit apostolique que nous avons admirée dans la vie de notre Bienheureux et que nous allons admirer maintenant dans les œuvres qu'il a fondées. Ce sera le sujet de la seconde partie.

II

A la mort du saint missionnaire, tout paraissait fini : tout allait commencer. Le serviteur n'est pas au-dessus du Maître : ne faut-il pas que le grain de froment meure au sein de la terre pour produire une moisson opulente ? Ne faut-il pas que Jésus soit élevé sur la Croix pour attirer à lui tous les peuples ? Ses miracles et ses discours sensiblement divins lui ont gagné peu de disciples : sa

---

(1) *Et domus impleta est ex odore unguenti.* (Joann. xii, 3.)
(2) *Non Hierosolymis fuisse, sed Hierosolymis bene vixisse, laudandum est.* (S. Hieron.)

Passion et sa mort remueront, convertiront le monde. Oui, la souffrance seule est féconde : la Croix seule enfante les âmes et fait fleurir les œuvres.

Il faut que Montfort tombe jeune encore, qu'il meure épuisé sur la brèche : alors ses œuvres vont croître et se développer, ses enfants spirituels se multiplier, et une magnifique efflorescence de piété s'épanouir autour de sa tombe.

C'est à Montfort et à ses enfants que l'Ouest doit d'être resté profondément catholique.

L'Ouest, qu'ils ont évangélisé, est demeuré fidèle, et quand vinrent des jours néfastes,

> ... ... La France eut des victimes,
> Mais la Vendée eut des martyrs (1).

C'est le sacré-cœur sur la poitrine, la Croix et le Rosaire à la main, que ces *Géants* ont combattu, sont tombés pour la cause de Dieu. « *Rends-toi !* » disait-on au Vendéen mourant. — « *Et toi, rends-moi mon Dieu* ». — Et bientôt à la Vendée, à la France, le Concordat rendait son Dieu.

O Vendée, garde bien cette foi que Montfort t'a prêchée ! plus inébranlable que le granit de tes rivages (2), que rien au monde ne puisse jamais l'entamer ni la faire fléchir. Reste obstinément fidèle à ton Rosaire, à ton Crucifix. Reste digne de ton glorieux passé. *Gloire oblige !* Ton nom est devenu célèbre dans le monde entier (3) ; ton nom signifie tout ce qui est pur, généreux, héroïque : on dit la *Vendée*, comme on dit les *Machabées* !

C'est ici surtout, sur ce sol sacré de Saint-Laurent, que les ossements du prophète ont refleuri (4), qu'autour de son tombeau, comme une pieuse trilogie, comme une splendide couronne, ont

---

(1) V. Hugo : La *Vendée*, *Ode*.

(2) Un auteur non suspect fait cette réflexion : « Les terres les plus anciennement émergées en Europe sont les granits de la Vendée et de la Bretagne... Singulière coïncidence ! Celles de nos provinces qui ont le plus longtemps gardé le culte des vieilles choses, sont elles-mêmes les plus vieilles terres de la France et du monde. » (Duruy, *introduction générale à l'Histoire de France*, pages 8 et 9.) M. Elie de Baumont, dans sa théorie des soulèvements des montagnes ou collines, regarde aussi comme les plus anciens, d'abord ce qu'il appelle le *système de la Vendée*, puis le *système du Finistère*...

(3) *Fides vestra annuntiatur universo mundo...* (Rom. 1-8.)

(4) ... *Prophetarum ossa pullulent de loco suo...* (Eccl. XLIX, 12.)

merveilleusement prospéré les trois œuvres principales qui le reconnaissent pour Fondateur. On dirait un Thabor où il aurait dressé trois tentes, trois tabernacles (1), le Thabor du sacrifice et de la prière.

Paroisse de Saint-Laurent, si tu occupes un rang si distingué parmi des paroisses autrement populeuses et considérables (2), ce n'est pas seulement pour le charme de tes paysages, ce n'est pas seulement pour ta population intelligente et sympathique ; non, tu le dois au Bienheureux ; tu le dois à ses œuvres. N'es-tu pas la cité de Montfort, la capitale, le siège de ses principales créations, une cité du Moyen-âge, avec ta pieuse et brillante constellation d'Eglises et de Monastères ?

L'ancien élève, resté l'ami constant de l'illustre *Compagnie de Jésus*, a fondé les missionnaires de la *Compagnie de Marie*. Nous connaissons sa prière pour obtenir des Apôtres. « Depuis « les Epîtres, a écrit le P. Faber, il serait difficile de trouver des « pages aussi brûlantes. » De telles prières sont toujours exaucées : nous n'avons pas à détailler ici leurs travaux : partout où les appellent la confiance de NN. SS. les Evêques, la fraternelle sympathie du clergé et la reconnaissance des peuples, héritiers et fils de Montfort, ils le continuent parmi nous : l'éloge n'est-il pas complet ? Ils ont, dans ce siècle, donné deux évêques à l'Orient (3) ; et je me reprocherais de ne pas rappeler ici que la Vendée (c'est un des plus beaux fleurons de sa couronne), a toujours donné généreusement des évêques aux Missions étrangères : deux autres (4) ont plus récemment quitté la terre pour le ciel, et, à l'heure où je vous parle, quatre de ses enfants (5) (d'ici nous saluons ces vaillants Apôtres avec une respectueuse admiration), quatre de ses enfants portent, dans ces contrées lointaines, la mitre qui, là, s'embellit encore des sanglantes perpectives d'un martyre plus ou moins probable, mais toujours espéré.

Les *Filles de la Sagesse* : quel beau nom ! et comme elles savent le porter ! Les voir passer, modestes et recueillies, est déjà

---

(1) *Si vis, Faciamus hic tria tabernacula.* (Matt. vii. 4.)

(2) *Et tu Bethlehem, terra Juda, nequaquam minima es in principibus Juda...* (Matt. ii. 6).

(3) Mgr Couperie et Mgr Hilléreau.

(4) Mgr Perrocheau et Mgr Chauveau.

(5) NN. SS. Guichard, Cousin, Gendreau et P. Simon

une prédication ; les nommer, suffit à faire leur éloge (1). Nous la voyons, de nos yeux, pleinement réalisée la prophétique parole du Bienheureux à la vénérée Mère, Marie-Louise de Jésus ; « Ma Fille, en ce moment, Dieu me fait voir des choses admirables : je « vois dans les secrets divins une pépinière de Filles de la sagesse. » Plus de quatre mille se consacrent maintenant, et avec quel succès ! au double Apostolat des écoles et des hôpitaux, ou plutôt de toutes les œuvres ; apostolat réel : partout leur premier but est de conquérir les âmes à Dieu ; apostolat efficace et presque irrésistible ; on peut bien se roidir contre les raisonnements d'un esprit qui discute, on ne tient pas contre la charité d'un cœur qui aime et qui se donne.

Je dois m'étendre davantage sur votre Congrégation, mes chers Frères, puisque les deux autres sont célébrées dans une autre enceinte.

Le coup d'œil de la sainteté va plus loin que le coup d'œil du génie : Montfort, bien avant nos jours, inaugure une sorte d'enseignement mutuel, organise des écoles gratuites, réellement gratuites celles-là, car la charité libre, et non l'impôt, en fait tous les frais ; il veut l'enseignement *pour tous*, mais en respectant la liberté des familles ; il le veut surtout profondément *catholique*, donné par des religieux ou par de vrais chrétiens : c'est un initiateur, on le retrouve à l'origine de toutes les œuvres : c'est le Vincent de Paul de l'Ouest.

A ses missionnaires il avait uni des Frères dont les uns s'occupaient de travaux manuels et les autres enseigneraient les enfants, témoin les écoles qu'avec une rare compétence il créa, organisa, surveilla dans la ville de la Rochelle. Aussi des Frères du Saint-Esprit ont-ils fait la classe aux enfants de Saint-Laurent, jusqu'à la Révolution Française.

De l'arbre planté par Montfort, le R. P. Deshayes, l'un de ses successeurs, a détaché un rameau qui est aussi devenu un arbre magnifique : l'Institut des Frères de l'Instruction chrétienne de Saint-Gabriel.

Votre institut, mes chers Frères, est donc une pensée du Bienheureux de Montfort, réalisée par le P. Deshayes. « N'est-ce pas, disait celui-ci, n'est-ce pas l'œuvre du P. de Montfort que je fais, que je développe ? »

---

(1) *Dixi..., prædicavi satis* (S. Aug.)

Le Bienheureux me semble vous adresser les paroles de saint Paul aux fidèles de Corinthe : « C'est de Dieu seul que vous avez « tout reçu. Qui sommes-nous ? ses ministres, ses serviteurs. « C'est moi qui ai planté, c'est un autre qui a arrosé, mais c'est « Dieu seul qui a donné l'accroissement. Celui qui plante et celui « qui arrose ne sont qu'une même chose… Chacun recevra sa « récompense selon son travail. Nous travaillons sous les ordres « de Dieu, et vous, vous êtes le champ que (par nos mains) Dieu « cultive, l'édifice que (par nos mains) Dieu construit. Pour moi, « selon la grâce que j'ai reçue, j'ai jeté les fondements comme un « sage architecte : un autre a bâti dessus… (1) ».

Vous pouvez donc, mes chers Frères, et c'est là votre gloire, inscrire hardiment Montfort en tête de votre arbre généalogique. Le P. Deshayes a été votre second fondateur : cela suffit à sa gloire, aussi bien qu'à votre piété filiale. Sainte Thérèse n'est-elle pas aussi illustre pour avoir été la réformatrice du Carmel que si elle en eût été la première fondatrice ? Si le P. Deshayes a été aussi pour vous un Père, Montfort reste pour vous l'ancêtre, le patriarche, semblable à ces ancêtres qui sont la tige des grandes familles historiques et dont la gloire est le patrimoine commun de leur descendance ; ou mieux encore, semblable à ces anciens patriarches de la Bible ou aux patriarches des ordres religieux du moyen-âge. Ainsi le peuple israélite se glorifiait-il à bon droit d'être issu d'Abraham, d'Isaac et de Jacob, sans qu'aucun de ces trois noms diminuât l'éclat des deux autres ; ainsi les diverses branches de la famille franciscaine s'honorent toutes également de remonter au séraphique patriarche d'Assise.

Montfort et Deshayes ! Dieu sait dans quelle mesure ils ont travaillé et quelle est la part de chacun : ce qui ne diminue en rien leur mérite et votre gratitude. Tous deux unissent leurs mains pour vous bénir ; ils n'ont qu'une même prière pour vous protéger, qu'un seul cœur pour vous aimer.

Dussé-je me répéter un peu (2), je dois consigner ici quelques noms et quelques dates, sans lesquels ce discours serait par trop incomplet. C'est un coup d'œil rapide sur votre histoire, car Saint-Gabriel a déjà une histoire.

Le P. Deshayes groupa autour de lui des hommes de foi et de

(1) Cor. iii. 5-10.
(2) Voir la *Notice sur le T. Ch. F. Siméon* publiée par M. l'abbé Simon.

dévouement, parmi lesquels vos deux premiers supérieurs généraux : le très cher Frère Augustin, d'une mâle et austère vertu, d'une franchise toute *bretonne* (1); le très cher Frère Siméon qui réunissait à la *douceur angevine* (2), la vertu la plus attrayante. Au jour de ses obsèques on a pu se demander si Dieu, quelque jour, ne glorifierait point aussi son tombeau ?...

Ces deux noms rappellent le beau jour du 24 septembre 1874, où, dans cette chapelle, nous avons célébré avec tant d'enthousiasme, il vous en souvient, mes chers Frères, leur *cinquantaine de profession religieuse* en même temps que le jubilé semi-séculaire de votre congrégation : fête du respect et de l'autorité, fête tout improvisée et d'autant plus touchante !

Comme dans toutes les œuvres de Dieu, vos commencements furent peut-être humbles, pénibles et obscurs. C'était Bethléem avec ses privations et sa pauvreté, mais aussi Bethléem avec ses grâces et ses mérites.

Sous le très cher Frère Eugène-Marie, homme d'action résolue et de parole facile, unissant aux vertus de son état un entrain méridional, la congrégation prit de nouveaux développements.

Le 25 novembre 1864, avec une bonté touchante, Pie IX le bénissait, plaçait, laissait reposer sa main sur la tête de votre supérieur, comme pour prendre officiellement possession de votre Congrégation, au nom de la sainte Église.

Naguère (3), au soir de la Béatification, en recevant le pélerinage Vendéen, Léon XIII vous bénissait aussi, mon Très Cher Frère, vous et vos chers Frères Assistants (4), avec quelle affectueuse et paternelle tendresse ! Tant de bénédictions doivent porter bonheur ! Aussi bien l'héritage des trois supérieurs que je viens de nommer ne pouvait être remis à des mains plus religieuses, plus sages, plus dévouées que les vôtres.

Certes, nous n'ignorons pas les tristesses et les craintes de

---

(1) Né le 16 août 1795, à Baden (Morbihan).

(2) Né à Saint-Martin-de-Beaupréau (Maine-et-Loire), le 23 mai 1806.
On connaît le sonnet de Du Bellay, né à Liré en Anjou :

> Plus que le marbre dur, me plaît l'ardoise fine :
>
> . . . .
>
> Et plus que l'air marin la *douceur angevine*.
>
> Du Bellay.

(3) Le 22 janvier 1888.

(4) Le Très Cher Frère Hubert, supérieur général : les Chers Frères Fortuné, Narcisse et Georges, assistants généraux.

l'heure présente, mais que de raisons d'espérer ! J'en atteste ces vingt-deux Evêques qui s'applaudissent de posséder dans leurs diocèses des maisons de votre Institut ; ces deux écoles d'aveugles qui proclament avec éloquence votre dévoûment à l'infortune sous toutes ses formes ; ces huit écoles de sourds-muets où vous avez créé des méthodes spéciales, où des succès exceptionnels vous ont conquis de vives et universelles sympathies, une considération méritée, en même temps que plusieurs de vos frères, qui ne cherchent que l'oubli du monde et le regard de Dieu, n'ont pu se soustraire complètement à une certaine célébrité (1).

J'en atteste vos florissants pensionnats, toujours chers à vos élèves d'hier comme à ceux d'aujourd'hui. Au pensionnat de Saint-Gabriel, nous étions bien peu nombreux, il y a près d'un demi-siècle. Placé aux confins de quatre diocèses, justement apprécié des familles chrétiennes, vous voyez s'il est devenu prospère, vous savez combien de prêtres il a donné à l'Eglise, — et à la société, combien de vaillants chrétiens, d'hommes utiles dans l'agriculture, le commerce et l'industrie, aussi bien que dans les professions libérales ou dans l'armée. Jeunes élèves, conservez toujours avec un soin jaloux les principes que vous recevez ici, et regardez comme le bonheur, comme l'honneur de votre vie, d'avoir passé par le pensionnat de Saint-Gabriel.

J'en atteste vos succès de tous les jours dans plus de cent écoles primaires, principal théâtre où se déploie votre *Apostolat*. Si ce mot vous étonne, écoutez le Cardinal Pie, parlant à des religieuses enseignantes ; ses paroles s'adressent à vous pareillement :

« Elle enseigne....., C'est une œuvre spirituelle qu'elle accom-« plit, un *sacerdoce participé* qu'elle exerce.

« Vous me direz : et qu'a donc de surnaturel et de religieux « l'enseignement de l'alphabet, l'enseignement des premiers rudi-« ments de la lecture et de l'écriture ? Je vous réponds qu'en ces « choses, comme en beaucoup d'autres, la fin surnaturelle surna-« turalise les moyens. Ne voyez-vous pas que, sous l'écorce des « lettres et des syllabes, c'est le Verbe de Dieu apparu en ce « monde, c'est Jésus, le Sauveur et le Rédempteur de la terre que « ces épouses du Christ s'appliquent à faire entrer dans l'âme de

---

(1) Les Chers Frères Anselme, Louis, Bernard, etc.

« ces enfants ? Ne voyez-vous pas qu'en chacun de ces petits, c'est
« la personne même de Jésus, qui s'offre à leur foi ?.... (1) »

Après l'éminent Cardinal, écoutons la doctrine de Saint-Thomas,
établissant que dans l'Eglise nul genre de vie, pas même la vie
contemplative, n'est supérieur à la vie apostolique :

« La vie active, quand par la prédication et l'enseignement on
« communique, on livre au prochain le fruit de sa contemplation,
« est plus parfaite que la vie qui est seulement contemplative...
« aussi Jésus-Christ a-t-il choisi cette vie (2) ».

Et ailleurs l'ange de l'Ecole n'est pas moins explicite : (3)

« S'il est plus beau d'illuminer, de communiquer la lumière que
« de briller uniquement, il l'est plus aussi de transmettre le fruit
« de sa contemplation que de se borner à la contemplation seule.
« Par conséquent les ordres religieux qui ont pour objet l'ensei-
« gnement et la prédication, tiennent le premier rang, le rang le
« plus élevé : ils se rapprochent de très près de la perfection de
« l'ordre Episcopal. Les ordres qui se livrent seulement à la con-
« templation viennent après eux, au second rang.... »

Enseigner, prêcher, n'est-ce pas donner Jésus aux âmes ? N'est-
ce pas « devenir le coopérateur de Dieu dans le salut des âmes ?
« Magnifique prérogative, dit à son tour Saint-Denis l'Aréopagite;
« dignité angélique ou plutôt divine ! (4) »

Nulle mission plus difficile et plus méritoire, nulle mission plus
sublime et plus délicate que celle d'*élever* la jeunesse, l'élever au-
dessus d'elle-même, de ce qui est bas ou vulgaire, l'élever jusqu'à
Dieu : c'est un *Excelsior*, un *Sursum corda* perpétuel.

Certes, on admire à juste titre le sculpteur dont le ciseau habile
sait dégager du marbre une superbe statue ; le peintre dont le
pinceau délicat fait passer un portrait sur la toile ; mais combien

---

(1) Œuvres du Cardinal Pie, t. v. p. 365-6.

(2) *Vita contemplativa simpliciter melior est vita activa quæ occupatur
circa corporales actus ; sed vita activa secundum quam aliquis prædicando
et docendo contemplata aliis tradit, est perfectior quam vita quæ solùm est
contemplativa.... Et ideo Christus talem vitam elegit.* (II. XL. a. 1.)

(3) *. . . Sicut majus est illuminare quam lucere solum, ita majus est
contemplata aliis tradere quam solùm contemplari .. Sic ergo summum
gradum in religionibus tenent quæ ordinantur ad docendum et prædican-
dum, quæ et propinquissimæ sunt perfectioni Episcoporum. Secundum
autem gradum tenent illæ quæ ordinantur ad contemplationem. Tertius
est earum quæ occupantur circa exteriores actiones.* (2a 2æ q. CLXXXVIII a. 6.)

(4) *Ingens hæc, angelica, imo divina est dignitas, Dei cooperatorem fieri
in conversione animarum...* (S. Dyon. Areop. de Eccles. Hierarch. c. III).

supérieur à ces artistes est le maître qui modère et instruit la jeunesse, forme et règle les mœurs, le cœur et l'intelligence ; le maître qui prépare et travaille non pas des statues inanimées ou des tableaux sans vie, mais des hommes, des chrétiens, de futurs élus, de vivantes images du Christ (1) !

Jésus-Christ l'a dit : « Quiconque reçoit un de ces petits, me « reçoit moi-même : *Qui susceperit unum parvulum talem, me* « *suscipit* (2). Ce que vous aurez fait au plus humble de mes « *disciples, au dernier de ces enfants, c'est à moi que vous* « *l'avez fait : mihi fecistis* (3). »

A la lumière de ces textes divins, comme elle est belle, l'instruction chrétienne, œuvre de patience et d'autorité ! surtout œuvre de respect : respect filial de l'enfant pour le maître ; respect religieux du maître pour l'enfant, car à travers les faiblesses et les imperfections du jeune âge, il aperçoit Jésus lui-même : *mihi fecistis.*

Pénétrés de cette pensée, mes chers frères, vous, religieux enseignants, vous avez toutes les tendresses du père, tous les dévouements du prêtre : tendresse sérieuse et ferme, dévouement surnaturel et réfléchi. Il ne s'agit pas de former des enfants gâtés, des idoles : quand on fait des idoles, Dieu les brise ! Ne faut-il pas de nos jours plus que jamais tremper des âmes viriles et chrétiennes, les armer pour les luttes de la vie, faire des hommes qui mettent le devoir avant tout ? Le devoir est parfois austère, en est-il moins sacré ?

Certes, l'enfance est aimable et sympathique ; c'est l'avenir, c'est le printemps de la vie, elle est belle comme l'espérance.

Mais surtout l'enfant, c'est une âme ! Or Dieu et les âmes ! Il n'y a que cela de grand et de beau. L'enfant, c'est Jésus : *mihi fecistis.*

Aussi Léon XIII a-t-il couronné toutes les écoles chrétiennes, en inscrivant avec Montfort, au catalogue des bienheureux, Jean-Baptiste de la Salle, dont les enfants sont vos émules, vos amis et vos frères.

Soyez donc bénis, Frères de Saint Gabriel, vous à qui tant de milliers d'enfants doivent ou devront le bonheur relatif d'ici-bas,

---

(1) *Quid majus quam... adolescentularum fingere mores? Omni certe pictore, omni certe statuario ceterisque hujusmodi omnibus excellentiorem hunc duce, qui juvenum animos fingere non ignoret* (S. JOAN. CRYS. in. cap. 18 MATT. HOM. 60.)

(2) MATT. XVIII. 5.

(3) MATT. XXV. 40.

qui n'est jamais qu'un bonheur en espérance (1), et surtout le bonheur vrai du ciel ! Ici des chiffres auraient leur éloquence.... Dieu a compté vos sueurs, vos pas et vos démarches, vos abnégations et vos sacrifices : Dieu est assez riche, assez magnifique pour vous récompenser de tout.

Du nord au midi, de Lille jusqu'à Saorges et Fréjus, continuez à vous montrer les hommes du peuple et les hommes de Dieu. Ce n'est pas assez : dilatez vos tentes (2), agrandissez la sphère de votre Apostolat : partez vous aussi pour cette terre si catholique et si française du Canada où d'autres enfants de Montfort vous ont précédés. Ainsi le Bienheureux prend possession de ce nouveau monde qu'il avait soif d'évangéliser, quand la main du Pontife suprême assigna la France pour théâtre à sa sainte activité. Ce qu'il n'a pu faire lui-même, il le fera au centuple, et d'une manière permanente, par sa descendance spirituelle : quand Dieu paraît se refuser à nos prières, il les exauce d'une manière éminente et plus sublime, et souvent en réalisant nos désirs, il dépasse nos espérances aussi bien que nos mérites (3).

Mais, direz-vous, les Frères qui sont appliqués aux travaux manuels seront-ils exclus des mérites, des grâces, des récompenses de l'Apostolat ?

Non certainement : Leur utile et précieux concours permet, rend possible l'Apostolat de leurs Frères ; membres d'une Congrégation enseignante, ils y ont leur place, un rôle modeste mais nécessaire au fonctionnement de l'œuvre et au bien général. Paul qui gardait les vêtements lapidait saint Étienne par les mains de tous (4). Ainsi dégageant vos frères des soucis et des soins temporels, vous leur facilitez l'accomplissement de leur mission et vous enseignez avec eux et par eux.

« Celui qui reçoit le Prophète, celui-là, dit Jésus-Christ, aura la « récompense du Prophète (5). » Auxiliaires de leur Apostolat, vous avez droit à la même récompense.

Tous, mes Chers Frères, estimez-vous trois fois heureux : heureux

---

(1) *Spe beati sumus.*

(2) *Dilata locum tentorii tui et pelles tabernaculorum tuorum extende, ne parcas ; longos fac funiculos tuos et clavos tuos consolida.* (Is. LIV. 2.)

(3) *Deus qui supplicum merita excedis et vota...* (S. Liturg.)

(4) *In manibus omnium erat.* (S. Aug.)

(5) *Qui recipit Prophetam in nomine Propheta, mercedem propheta accipiet.* (Matt. X. 41.)

d'être des Religieux, — d'être Religieux enseignants, d'être Enfants de Montfort.

Il me semble, au milieu de ces solennités, entendre une voix du ciel, celle de Montfort, dire à toutes les Congrégations qu'il a fondées :

« Ecoutez-moi, ô germes divins, portez des fleurs et des fruits
« comme le lis, comme des rosiers plantés sur le bord des eaux.
« Répandez une agréable odeur comme l'encens. Bénissez le
« Seigneur dans ses ouvrages. Relevez son nom par de magnifi-
« ques éloges, louez-le par vos paroles, par le chant de vos canti-
« ques, par le son de vos instruments harmonieux, et dites-lui,
« dans les bénédictions que vous lui donnerez : « Les ouvrages du
« Seigneur sont tous souverainement bons (1), » ceux qu'il opère
« par lui-même et ceux qu'il opère par ses saints.

Ces paroles des saints Livres ne semblent-elles pas écrites pour les fêtes dont nous sommes les témoins attendris ? Puissent-elles ces fêtes, devenir le signal d'un renouvellement dans la foi, pour toutes nos contrées ! d'une ère nouvelle de prospérité et d'accroissement pour toutes les œuvres de Montfort ! Puisse de plus en plus son esprit se répandre partout, comme un parfum d'édification et de piété ! Tout respire ici la ferveur, la sainte allégresse : tout est plein de Montfort et de ses louanges ou plutôt, puisque c'est Dieu que nous honorons dans ses saints, tout est plein de Dieu même : *ut impleret omnia* (2).

Pères de la Compagnie de Marie, Filles de la Sagesse, Frères de Saint-Gabriel, quelle couronne d'honneur formeront au ciel, autour de votre bienheureux Fondateur, vos saintes et nombreuses phalanges ! Ici-bas, quel éclat vous faites rejaillir sur son nom ! De quelle pure et brillante auréole vous entourez son image ! Que dis-je ? vous êtes une gloire pour ce diocèse, pour la France, pour l'Eglise, et l'indifférent lui-même à votre aspect ne peut retenir ce cri : « Que vos pavillons sont beaux, ô Jacob ! Que vos tentes sont ravissantes, ô Israel ! » (3).

Un architecte de génie voulut être enterré sous les voûtes du temple qu'il avait bâti (4) : mais au milieu des nombreux mauso-

---

(1) Eccli. xxxix, 17-21.
(2) Ephes. iv, 10.
(3) *Quam pulcra tabernacula tua, Jacob ! et tentoria tua, Israel !* (Num. xxiv, 5.)
(4) Christophe Wren, à Saint Paul de Londres.

lées qui en peuplent l'enceinte, pour lui point de mausolée, point de tombe : une simple dalle recouvre ses restes : on y lit ces paroles : *Si monumentum requiris, circumspice !* son tombeau ! son monument ? si vous le cherchez, levez les yeux autour de vous ; il est partout ici : c'est cet édifice même qu'il a construit.

De même, pour notre Bienheureux, quelque *glorieux* que soit son *sépulcre* (1) par le concours des peuples et les grâces obtenues, si vous me demandez où est son vrai monument, je vous répondrai : jetez les yeux autour de vous, c'est cette terre bénie de Saint-Laurent, c'est tout ce que vous y pouvez contempler : *Si monumentum requiris, circumspice.*

Considérez ces grandes œuvres :

La Sagesse (2), avec ses admirables Religieuses, armée innombrable du dévouement et de la charité ; la Sagesse, avec sa merveilleuse chapelle qui vient d'être consacrée à Jésus-Christ, *Sagesse éternelle*, comme le fut autrefois *Sainte-Sophie* de Constantinople (3), chapelle aux élégantes proportions, aux vitraux splendides, qui en font une *sainte chapelle*, plus vaste que celle de *Saint-Louis*, et comme une vision du ciel sur la terre (4) ;

Le Saint-Esprit (5), aux bâtiments d'un caractère sévère et monastique (6), d'où partent et où reviennent sans cesse d'intrépides missionnaires, dignes fils de Montfort, et où travaillent sous l'œil de Dieu, des frères utiles et dévoués ;

Saint-Gabriel (7), avec sa légion de pieux instituteurs et son excellent pensionnat ; avec sa chapelle, encore tout embaumée des grâces de la consécration (8), toute parfumée de l'huile sainte que la main du Pontife vient de faire ruisseler sur ses murs ; cette chapelle où la plupart d'entre vous, mes Chers Frères, ont fait le

---

(1) *Et erit sepulcrum ejus gloriosum.* (Is. xi, 10.)

(2-5-7). *La Sagesse,* — *Le Saint-Esprit*, — *Saint-Gabriel* : c'est ainsi qu'on appelle, à Saint-Laurent-sur-Sèvre, les trois maisons-mères, les chefs-lieux des trois Congrégations.

(3) Cette magnifique chapelle a été consacrée, le vendredi 1ᵉʳ juin 1888, par Mgr Catteau, évêque de Luçon, et dédiée à Notre-Seigneur Jésus-Christ, *Sagesse Éternelle*. Cette consécration a ouvert la série des fêtes de Saint-Laurent. On sait que *Sophia* en grec, signifie *Sagesse* : d'où le nom de *Sainte-Sophie* donnée à l'église bâtie par Constantin et, selon son désir, consacrée au Sauveur sous ce titre.

(4) *Beata pacis visio.* (Office de la Dédicace.)

(6) C'est en 1788 (il y a juste un siècle) que fut construit par le R. P. Besnard, 4ᵉ supérieur général, le bâtiment dit *du Saint-Esprit*.

(8) Mgr Catteau a consacré cette chapelle, le samedi 2 juin 1888.

serment d'être à Dieu pour toujours, de rester à jamais les *heureux captifs de Jésus-Christ* (1) ;

Cette paroisse de Saint-Laurent, gracieusement assise sur les bords enchantés de la Sèvre, mais qui tire son renom et sa prospérité du Bienheureux et de ses œuvres ; cette église paroissiale, où il a prêché pour la dernière fois, et qui doit être remplacée par une nouvelle église, plus grandiose et plus vaste, j'allais dire par la *Basilique du Bienheureux de Montfort*, comme un rendez-vous offert aux plus nombreux, aux plus lointains pèlerinages ;

Saint-Michel (2), avec ses retraites renommées et fidèlement suivies ;

Ce *Calvaire*, dont l'heureuse situation se prête si bien à ces cérémonies incomparables et qui est aujourd'hui le Thabor du Bienheureux comme jadis le Calvaire de Pontchâteau fut son Golgotha ;

Ce Calvaire d'où partira et où reviendra demain la procession magnifique qui doit clore ces fêtes, à laquelle prendront part des milliers de pèlerins, des centaines de prêtres, tant de vénérables Pontifes, et que doit présider un Prince du Sacré-Collège, l'éminent archevêque du diocèse natal de Montfort (3).

Tout cela, quel spectacle pour les yeux ? quel enchantement pour les âmes ! tout cela, c'est le *monument*, c'est le triomphe de Montfort ! *Si monumentum requiris, circumspice !*

C'est ainsi, ô mon Dieu, que vous exaltez vos serviteurs et vos amis ! parce qu'ils ont bu de l'eau du torrent des tribulations, vous couronnez leur tête d'un diadème d'honneur : vous les tirez de la poussière pour les faire asseoir au rang de vos élus. Les rois de la terre n'excitent pas ces transports ; ah ! c'est que les saints, partageant la royauté de Jésus-Christ, sont les princes, les rois de l'éternité.

Puissent bientôt être décernés à Montfort les honneurs de la canonisation, et ceux de la béatification au vénérable P. Baudouin, aussi l'une des gloires de ce diocèse ! Et puisse notre évêque vénéré prendre aux fêtes d'alors la part qu'il prend aux fêtes d'aujourd'hui !

Pourquoi finir, fêtes si nobles et si touchantes, si chères à nos

---

(1) *Ego Paulus, vinctus Christi Jesu...* (Ephes. III. 1.)

(2) *Saint-Michel* est le nom de la maison de Retraites.

(3) Son Eminence le Cardinal Place, archevêque de Rennes. Quinze archevêques et évêques assistaient à ce *Triduum*.

cœurs fidèles et reconnaissants? Du moins, l'oubli n'est pas à craindre sur cette terre de la Vendée qui ne peut plus le porter, et dans bien des années, jeunes novices et chers élèves du pensionnat, ceux d'entre vous à qui Dieu réserve une plus longue carrière, seront fiers de répéter : « *J'étais aux fêtes du Bienheureux de Montfort !* » Vous en ferez le récit, avidement écouté autour de vous, et vous en perpétuerez ainsi les salutaires leçons.

Et puis ces fêtes vont avoir un écho prolongé, partout où il y a des Pères de la Compagnie de Marie, des Filles de la Sagesse, des Frères de Saint-Gabriel.

Elles-mêmes sont un écho des Fêtes de Rome, un écho de la grande voix de Léon XIII, et en même temps, elles nous donnent l'avant-goût, elles sont pour nous les prémices et comme les *Premières vêpres* des solennités du ciel, où puissions-nous tous, avec le Bienheureux de Montfort, voir, aimer et célébrer Jésus et Marie dans les siècles des siècles ! Ainsi soit-il.

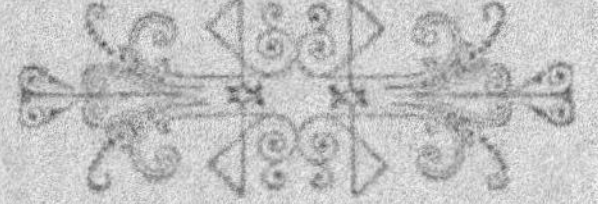

Luçon. — Veuve Bideaux et Fils, imprimeurs de l'Évêché.

Luçon, imp. Veuve Bideaux et Fils.